La Paix dans la Vérité

ÉTUDE SUR

La Personnalité de Saint Thomas d'Aquin

NIHIL OBSTAT

Fr. Bazin Boulanger.

Le Saulchoir, le 19 décembre 1910.

IMPRIMATUR

Parisiis, die 16 Maii 1911.

E. Adam.

QUESTIONS PHILOSOPHIQUES

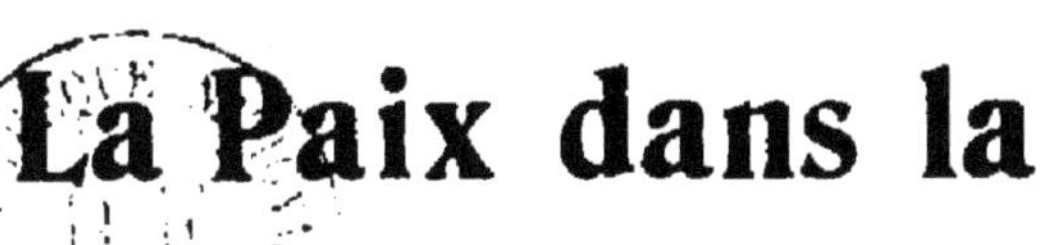

La Paix dans la Vérité

Étude sur
La Personnalité de Saint Thomas d'Aquin

PAR

E. Bernard ALLO, O. P.
Professeur à l'Université de Fribourg (Suisse).

PARIS
LIBRAIRIE BLOUD & Cie
7, PLACE SAINT-SULPICE, 7
1 ET 3, RUE FÉROU — 6, RUE DU CANIVET
1911

AVANT-PROPOS

Le contenu de cet opuscule, qui fut d'abord un discours prononcé en 1908 devant un auditoire universitaire pour la fête de saint Thomas d'Aquin, a été ensuite publié en article dans la *Revue du Clergé français* (15 juillet 1909) ; et aujourd'hui, malgré la forme oratoire dont le lecteur n'aura pas de peine à se détacher s'il lui plaît, je me décide à le rééditer en brochure, pour un public plus étendu, dans la collection *Science et Religion*.

La raison en est que des catholiques qui ne sont pas spécialement occupés pourtant de questions métaphysiques ou théologiques, m'ont fait entendre que, dans tout milieu intellectuel et religieux, le sujet que j'y traite pouvait éveiller un intérêt utile.

J'en ai changé le titre, ou plutôt j'ai superposé à l'ancien titre un nouveau : *La Paix dans la Vérité*. Par là, je veux montrer qu'il fait suite en quelque manière à un autre opuscule de moi, paru dans la même collection, et qui a été lu, voire discuté, plus que je ne m'y serais attendu en l'écrivant, *la Peur de la Vérité.* Grâce à la confusion d'idées qui existait voilà trois ans, avant les dernières instructions, si fortes et si lumineuses, de l'autorité pontificale, certains, qui l'avaient lu, je pense, un peu superficiellement ou avec des préventions, ont cru pouvoir l'interpréter comme je ne sais quelle recommandation de je ne sais quel libre-échangisme doctrinal qui est bien loin de mes convictions et de ma manière. Le travail que je publie ici reste tout à fait dans la ligne des préoccupations et des idées du premier, qu'il complète et qu'il éclaire. Là je faisais une étude psychologique sur les conditions générales d'un travail doctrinal efficace à notre époque troublée, et je tâchais d'amener quelques bons esprits, en les exhortant à plus de confiance dans la vérité catholique en soi, à mettre plus de sérénité et d'impartialité dans leurs polémiques, de façon à mieux atteindre leur but. Ici je veux montrer comment ce sain état d'esprit peut être réalisé, comment il a été réalisé de fait, à un degré éminent, dans celui-là même qui est le prince des théologiens, saint Thomas d'Aquin. Après la théorie, l'exemple concret.

Mon but n'est donc point de faire connaître saint Thomas, par ces pauvres cinquante pages, à ceux qui l'ignorent ; mais plutôt de porter à la réflexion ceux qui, pouvant et devant le connaître, veulent l'ignorer, — ainsi que d'autres qui, le connaissant matériellement, n'ont pas souci autant qu'ils le devraient de se pénétrer de son esprit ; — enfin de donner envie de le connaître à ceux qui ne l'estiment que platoniquement, comme un grand nom à moitié abstrait, et ne soupçonnent pas encore quel guide ils trouveraient en lui pour leur pensée, leur vie et leur action. Il en est que la difficulté technique rebute ; ce n'est pas trop étonnant, si l'on songe au dépaysement que les adeptes de philosophies mi-positives, mi-sentimentales, doivent éprouver quand ils s'aventurent en des écrits comme ceux du Docteur Angélique, où chaque détail est solidaire de tout un ensemble, et où la nudité des expressions les empêche de se représenter le monde des réalités très vivantes, objets d'observation très immédiate, que chacune éveille et résume ; mais ce n'est pas là une raison suffisante pour n'aborder qu'avec une malveillance peu dissimulée, et pour lire volontiers de travers tout ce qui se recommande de saint Thomas. — Un autre grand obstacle sur le chemin du but que nous visons, c'est l'ignorance officielle de l'histoire des idées philosophiques médiévales, ignorance qui commence à peine à se dissiper. Depuis quand, dans les universités les plus renommées, tant françaises qu'allemandes, s'occupe-t-on sérieusement d'en saisir la synthèse? Enfin, on s'en occupe un peu depuis quelques années ; ce n'est pas encore pour les réadmettre, mais le fait seul de s'en occuper historiquement constitue un sérieux progrès. Seulement ce n'est le fait que d'une élite avancée ; beaucoup d'esprits, très modernes par ailleurs, tiennent encore à honneur de les ignorer, et montrent ingénument la frappe ancienne qu'ils tiennent des humanistes et de Descartes. Ainsi s'entretiennent des partis pris peu raisonnables d'exclusion, que fortifie dans nombre d'intelligences, fraîchement initiées à la vie intellectuelle, la crainte un peu sotte de passer pour « vieux jeu ».

J'écris cependant pour tous ceux-là, surtout pour les jeunes, qui n'ont pas encore de préjugés indéracinables, ni de soucis paternels pour l'avenir d'un « système » à eux.

Mon très vénéré et très regretté maître, le Père Schwalm, le disait déjà il y a une douzaine d'années. Comment ceux-là qui, en abordant, avec bien des préventions peut-être aussi, les œuvres du grand docteur, ont eu la joyeuse surprise d'y sentir un rajeunissement foncier de toutes leurs idées, et une sécurité intime qui pénètre leur esprit, qui les pousse à regarder désormais, loyalement et en face, n'importe quel problème nouveau et embarrassant; comment ceux-là ne penseraient-ils pas avoir le droit — si même ce n'est un devoir, — d'exhorter les autres, surtout ceux dont les idées sont encore souples, à chercher le même bien que, eux, ils croient avoir trouvé?

Voilà pourquoi je publie aujourd'hui cette brochure de propagande.

Je me suis senti encore plus encouragé à le faire, quand j'ai pu lire tout récemment ces paroles du Souverain Pontife Pie X, qui continue, vis-à-vis de la philosophie scolastique, l'œuvre de son prédécessenr de mémoire illustre et bénie :

« *Quod rei caput est, philosophiam scolasticam quam sequendam præscribimus, eam præcipue intelligimus quæ a Sancto Thoma Aquinate est tradita : de quâ quidquid a Decessore nostro sancitum est, id omne vigere volumus, et quâ sit opus instauramus et confirmamus,... Magistros autem monemus ut rite hoc teneant, Aquinatem vel parum deserere, præsertim in re metaphysica, non sine magno detrimento esse.* Parvus error in principio, *sic verbis ipsius Aquinatis licet uti,* est magnus in fine. — *Hoc ita posito philosophiæ fundamento, theologicum ædificium extruatur diligentissime...* (Motu proprio « *Sacrorum Antistitum,* » Acta Apostolicæ Sedis, 9 septembre 1910, p. 656-657.)

Voulant inspirer à mes lecteurs le goût de la doctrine émanée d'une si haute et si sainte personnalité, je leur signale, parmi les récentes publications françaises, quelques livres remarquables à des titres divers, qui peuvent tous servir très efficacement à les initier au sens profond du thomisme et à son histoire.

SERTILLANGES. — *Saint Thomas* (2 vol.)

ROUSSELOT. — *L'Intellectualisme de saint Thomas.*

GARRIGOU-LAGRANGE. — *Les Preuves de l'existence de Dieu ramenées au principe de non-contradiction.*

MANDONNET. — *Siger de Brabant et l'Averroïsme latin au* XIIIe *siècle* (2e éd., 1909-1910).

Il existe un *Commentaire français littéral de la* Somme Théologique *de saint Thomas d'Aquin,* par Th. M. Pègues. Il est à souhaiter que nous ayons un jour une traduction française de J.-V. de Groot, *Het leven van der H. Thomas van Aquino,* qui nous fasse profiter de la biographie du Docteur Angélique écrite par le savant professeur dominicain de l'Université d'Amsterdam.

Toute l'ambition de ma petite brochure, c'est de porter quelques intellectuels à une lecture attentive d'ouvrages qui leur donnent envie d'étudier saint Thomas avec assiduité dans l'original.

E. Bernard Allo, O. P.,

Professeur à la Faculté de théologie de l'Université de Fribourg (Suisse).

Décembre 1910.

La Paix dans la Vérité

ÉTUDE SUR

LA PERSONNALITÉ DE SAINT THOMAS D'AQUIN

Le calme de la vie de saint Thomas.

Comment le calme et la monotonie apparente de certaines vies des saints est, non pas un effet des circonstances, mais le signe de la grandeur de leur victoire sur le préjugé et l'égoïsme.

MESSIEURS LES PROFESSEURS,
MESSIEURS LES ÉTUDIANTS,

Jésus a dit : « C'est la vérité qui vous délivrera. » Depuis que j'ai commencé à réfléchir sur la vie de saint Thomas d'Aquin, il m'est apparu de plus en plus clairement qu'elle n'est d'un bout à l'autre que l'illustration de cette parole évangélique. La grande faiblesse et le grand esclavage, c'est de végéter sous la domination de deux tyrans intérieurs, l'égoïsme et le préjugé, qui vivent l'un de l'autre et s'entretiennent sournoisement aux dépens du bonheur comme de l'activité de l'âme où ils règnent. Au contraire, être libre, libre du fait qu'on aime exclusivement la vérité et qu'on la possède sans crainte, cela s'appelle être à la fois humble et fier, pacifique et intrépide, bon et puissant. Et le Docteur angélique est certainement un des plus beaux types d'hommes où l'amour et la possession de la vérité aient révélé leurs merveilleux effets. Je ne veux pas vous redire l'histoire de sa vie, vous en connaissez déjà sans doute les grandes lignes. Vous vous rappelez son origine, et comment les influences et les hérédités ethniques, du Nord et du Midi, concoururent pour nous présenter dans ce fils du comte Landolphe et de la comtesse Théodora, un type d'humanité très complexe et très fort. Vous n'ignorez pas le trait de cet enfant grave qui demandait : « Qu'est-ce que Dieu ? » ni l'héroïsme du jeune homme qui défendait sa chasteté, ni la modestie de l'écolier qui cachait avec soin son génie déjà presque mûr ; ni l'existence si unie et si calme de ce professeur qui illustrait les grandes écoles d'Allemagne, de France, d'Italie, toujours aussi humble que s'il vivait inconnu dans un cloître. Enfin vous savez comment il mourut, jeune encore, sans plus de bruit que n'en ferait un flambeau qui jette au moment de s'éteindre une de ses lueurs les plus douces.

Son œuvre aussi vous est connue. Mon but n'est pas d'en faire ressortir à vos yeux la grandeur objective. C'est là, sans doute, un sujet sur lequel je trouverais beaucoup à dire ; si je m'étendais sur le caractère d'unité, de largeur, d'exactitude, de santé et d'élévation de son système philosophique et théologique, j'aurais en chacun de vous un auditeur plein d'attentive sympathie. Mais alors ces quelques paroles tourneraient à l'entretien spéculatif, et le temps nous est trop mesuré pour que je me livre à ce plaisir. J'aime mieux vous parler de l'homme. Il est difficile, je le sais bien, dans une vie unie et modeste comme celle de ce héros de la pensée, de séparer l'homme de l'œuvre. Mais aucune œuvre, nous le savons aussi, ne peut exprimer l'homme tout entier ; plus même l'œuvre est grande, plus elle nous fait deviner dans son auteur de grandeurs qui sont demeurées inexprimées. J'essaierai donc de vous dire ce que l'œuvre nous révèle de l'homme qui la conçut et l'exécuta. Ainsi mes paroles seront d'un intérêt plus universel. Car c'est une spécialité que d'être théologien et philosophe ; la division et la hiérarchie du travail s'imposent à nous comme à tout le monde. Mais notre idéal commun, c'est d'être des hommes qui pensent, et qui apprennent aux autres à penser. Or, dans le Docteur Angélique, je veux avant tout vous faire voir que la grandeur de la pensée n'était que la manifestation de la grandeur de l'homme, ou, si vous le voulez, de cette pleine réalisation de l'*Homme* qui s'appelle le *Saint*. C'est en cela que Thomas d'Aquin peut être proposé comme un modèle universel.

Cette humanité et cette sainteté n'ont d'ailleurs rien qui pût prêter aux effets oratoires, — si, devant un auditoire comme le vôtre, j'avais le mauvais goût d'en chercher. Elles n'ont absolument rien de dramatique, ni même, à première vue, de saisissant. Après les difficultés et la crise — crise tout extérieure, — qui marqua sa jeunesse, on ne trouve pour ainsi dire plus d'incidents dans la vie de saint Thomas. Qu'il étudie à Cologne ou qu'il enseigne à Paris et à Naples, ou qu'il compose ses traités, ou qu'il soit à Rome collaborateur des Souverains Pontifes, nous voyons en lui un professeur, rien qu'un professeur. Jusqu'à cette quarante-neuvième année où la mort l'emporte doucement, en pleine activité intellectuelle, sans se faire précéder d'aucune de ces tristesses de lente et successive paralysie qui l'ont annoncée chez tant d'autres penseurs, toute cette vie s'est déroulée avec une unité qui est presque de la monotonie. Il n'a pas occupé de grandes situations ecclésiastiques ou politiques, il n'a pas eu de crise violente de pensée, on dirait presque qu'il n'a pas eu à livrer des luttes. Ainsi, Messieurs, toute la beauté de cette existence est à l'intérieur. Mais à l'intérieur elle est d'une beauté parfaite. Quelle plénitude de victoire révèle une telle sérénité ! C'est un hymne continu à la liberté de l'esprit, à la liberté de l'âme.

Car on se méprendrait grandement si l'on ne ne voyait dans cette *monotonie* qu'un effet des circonstances. Nous pourrions être tentés de mal juger des conditions de son époque, précisément du fait que nous ne verrions cette époque qu'à travers la sérénité de son œuvre, ou de l'œuvre de quelques-uns de ses nobles émules, tels par exemple que saint Bonaventure. Comme nous chercherions en vain dans les écrits de saint Thomas des traces de doute et de souffrance, comme nous y trouverions même peu de traces de conflits aigus, nous pourrions croire qu'il n'a jamais eu l'occasion de triompher de tout cela, et que, au XIIIe siècle, la carrière de professeur était une carrière de tout repos, plus qu'elle ne l'a jamais été. Nous pourrions nous figurer saint Thomas comme une sorte de tranquille alchimiste, uniquement sensible au plaisir d'observer de curieuses combinaisons au fond de ses cornues ; comme une espèce de Docteur Faust qui, garanti par la profession monastique des tentations de l'amère solitude auxquelles succomba celui de la légende, aurait eu trop peu de curiosité du Réel, trop peu de contact avec la vie, pour risquer d'en être blessé jamais. Messieurs, ce serait une grave erreur ; saint Thomas, je le répète, était un *homme,* et si l'on a peine parfois à reconnaître en lui notre humanité, cela tient au fait qu'il était *homme* à un degré qu'il est difficile d'atteindre, et même de concevoir ; d'autant plus homme qu'il jouissait de plus de calme d'intelligence, et exerçait avec plus d'aisance sa liberté. L'homme est, par définition, intelligent et libre. Le plus homme de tous les hommes, Jésus, fut cela d'une façon incomparable. Lui, le Verbe, la Vérité incarnée, a passé sur la terre comme un être divinement libre ; ni aucune des passions de son entourage, ni la science et la casuistique entortillées des scribes et des pharisiens, ni rien de ces mille arbitraires humains dont il faut subir la tyrannie, n'a pu l'empêcher de se faire tout à tous, de se pencher avec tendresse jusque sur ces misères morales dont l'approche est notée comme une souillure. Libre de toute convention fausse, de toute erreur qui empêche de faire le bien, de tout égoïsme personnel, de toute étroitesse de famille, de caste, d'école, de nationalité, l'Homme-Dieu s'est toujours donné tout entier. Tous ses vrais disciples l'ont imité de loin. Le plus grand d'entre eux, saint Paul, a pu dire qu'il n'y avait plus pour lui ni Juifs, ni Grecs, ni Scythes, ni barbares, ni hommes, ni femmes : *Omnia omnibus factus sum* : parce que « ce n'est plus moi qui vis : c'est le Christ qui vit en moi ». Pas un saint qui n'ait voulu se conformer à cet idéal : c'est justement là ce qui fait qu'on est saint. Mais, parmi les saints, il en est quelques-uns — de très rares, — dont la *manière* d'être libre rappelle de plus près celle du Christ. Et le Docteur Angélique fut de ceux-là. Chez lui, la liberté n'avait pas l'air de quelque chose d'*acquis ;* on eût dit qu'elle lui était naturelle, comme si l'esclavage et l'obscurcissement de la tache originelle eussent été réduits en quelque sorte à un minimum. Certes, je n'entends pas le comparer à saint Paul pour la grandeur et l'héroïsme ; mais l'Apôtre était un *libéré,* un affranchi qui n'a jamais perdu la mémoire de l'ancien esclavage ; saint Thomas était, dans une des plus fortes mesures où un homme peut l'être, *libre de naissance.* Le *mode* de la sainteté des grands convertis les rend plus proches du commun des hommes, mais le *mode* de la sainteté et de la liberté de ceux qui n'ont pas eu à se convertir leur donne, même à nos yeux humains, quelque chose de plus suave et de plus harmonieux ; il est plus voisin de la *manière* du seul homme parfaitement libre, du Christ.

Je vais maintenant essayer de vous décrire, Messieurs, la façon dont saint Thomas fut libre.

I

Liberté intellectuelle de saint Thomas.

Comment son esprit, parfaitement soumis à la vérité, n'a jamais été soumis qu'à elle. — Luttes intellectuelles dans l'Europe du XIIIe siècle. — Position de saint Thomas vis-à-vis de la tradition, et vis-à-vis d'Aristote. — La « Critique » et la « Science ». — Liberté de saint Thomas vis-à-vis du passé, et vis-à-vis de son propre temps. — Comment il est par là resté « moderne » ; différence qu'il y a entre « moderne » et « moderniste ». — Quelle position eût prise saint Thomas vis-à-vis de la Science et de la Critique d'aujourd'hui ?

Le Docteur Angélique était d'abord parfaitement libre dans les jugements de son esprit, parce que son esprit était parfaitement soumis à la vérité, la vérité étant toujours divine, qui que ce soit qui la dise (1) ; mais aussi il ne se soumettait qu'à elle.

Sans doute, tous ceux qui se donnent comme penseurs, font profession de la même indépendance, fruit de la même soumission. Il n'en est pas moins vrai que, la plupart du temps, des sujétions

(1) «... Considerandum est, quod veritas ex diversitate personarum non variatur ; unde cum aliquis veritatem loquitur vinci non potest cum quocumque disputet. » S. Th., *in Job.*, c. XIII, lect. 2.

moins nobles, moins désintéressées, compriment et réduisent leur activité intellectuelle. Ils chercheront la vérité avec sincérité ; mais bien rares sont les penseurs assez épris d'elle pour n'en avoir jamais peur, si elle compromet des jouissances, ou des fictions utiles; bien rares ceux qui ne mêlent jamais d'intérêts inférieurs, de personne ou de collectivité, à cet intérêt primordial. Or, à ceux qui ne l'aiment pas exclusivement, la vérité, soit divine, soit humaine, ne se révélera jamais dans toute sa pureté et toute sa gloire.

Dans l'Europe latine au XIIIe siècle, il n'en allait pas autrement, à ce point de vue, qu'à toute autre époque et en tout autre pays. Au XIIIe siècle, saint Thomas a trouvé en face de lui — non certes dans l'enseignement officiel et universel de l'Église, mais chez certains maîtres timorés qui étaient de l'Église comme lui — une tradition hostile à la sagesse grecque, en particulier à Aristote, et à la philosophie en général. Il avait bien eu des précurseurs illustres, depuis un siècle déjà, notamment son maître Albert le Grand ; pourtant, de ce côté-là, la lutte n'était pas encore finie. De l'autre côté, la vérité catholique trouvait un adversaire, plus dangereux pour elle que ses défenseurs mal inspirés : un engouement prodigieux, puéril, pour ce même Aristote, sévissait dans les milieux universitaires. Un esprit rationaliste et panthéiste même s'était, grâce à la philosophie des Arabes, répandu dans les écoles ; la Foi de l'Église, respectée partout en théorie, avait à soutenir, en fait, l'assaut des raisons individuelles débridées. Saint Thomas, dans cette mêlée, sachant bien ce que c'est que l'autorité divine et ce que peut la raison humaine, prit sainement, tranquillement, avec une liberté parfaite, la position qu'il ne devait jamais abandonner.

Il la prit et la garda, je vous assure, à bon escient. Il n'ignorait pas que des esprits considérables en avaient pris d'autres, que d'autres encore seraient prises à l'avenir. Il voulut, autant que possible, les connaître toutes, les étudier impartialement, et même les présenter dans toute leur force. Il n'avait pas peur de la vérité des autres, sachant qu'elle ne pouvait que servir cette grande Vérité impersonnelle dont la recherche était son unique passion. Il n'avait pas peur non plus des erreurs des autres, ayant assez de confiance dans la lumière de la raison désintéressée et de l'humble foi pour être sûr qu'elles dissiperaient les ombres en y dardant leurs rayons. Aussi, même dans sa *Somme théologique,* livre destiné aux étudiants, il a présenté avec tant de soin et de conscience les objections principales qu'on pouvait faire à chacune de ses thèses, qu'un moderne, nullement thomiste, a pu dire : « Il n'a laissé que peu de chose à trouver aux objectants futurs. » C'est que lui-même était assez fort pour n'en être pas impressionné, assez clairvoyant psychologue pour ne pas compter sur l'ignorance comme sauvegarde de la foi, et assez ferme croyant pour ne pas douter un instant que la lumière du Verbe est capable de dissiper toutes les mauvaises impressions fugitives que les sophismes peuvent produire sur des esprits jeunes, mais sincères.

Mais, pour combattre l'erreur, de quelle arme s'est-il servi ? de la simple *autorité* des penseurs précédents ? Il les citait, sans doute, fréquemment et avec complaisance, chaque fois qu'ils lui paraissaient — fût-ce au prix d'une interprétation très bénigne, — avoir dit quelque chose de juste qui confirmât telle ou telle vérité. Mais son principe était des plus nets : *In philosophicis minimus locus est auctoritas.* Il eût pu dire, comme un de ses disciples (1) : « Nous n'acceptons des philosophes que ce qu'ils prouvent. » Si donc il a reconnu dans Aristote le meilleur guide, s'il a réussi, après Albert le Grand, à lui donner un tel prestige que le Stagirite est devenu comme

(1) Gilles de Rome.

l'auxiliaire attitré de la théologie catholique, on sait bien d'autre part comme il l'a corrigé (*baptisé*, dit-on parfois), avant de l'élever à cette fonction. Un esprit aussi plein d'originalité et d'intuitions immédiates que saint Thomas ne pouvait être un simple disciple. Le « Magister dixit » n'était point le fait de ce libre et sûr génie. Ceux qu'il a le plus combattus de ses contemporains sont précisément les maîtres qui croyaient à l'infaillibilité d'Aristote, c'est-à-dire des Averroïstes et Siger de Brabant.

Et il y avait du mérite, au XIIIe siècle, à savoir prendre et garder cette position équitable et critique entre une tradition raidie qui ne voulait pas s'assouplir, et le culte non moins raide, et plus dangereux, de philosophies en vogue. Nous pouvons en juger, je crois, par analogie, messieurs et chers collègues. Nos occupations professionnelles nous mettent à même de savoir comme les théories contiennent toujours une part de relatif et de provisoire, combien nous avons besoin de les critiquer avant de les admettre, et comme nous devons toujours demeurer prêts à les perfectionner, à les retoucher, à les abandonner même parfois, après les avoir admises. Or n'avons-nous point, de temps à autre, des occasions de sourire, non sans quelque tristesse, lorsque des gens qui n'ont pas fait le même travail, qui n'ont pas le même sens des méthodes, viennent nous parler sur un ton péremptoire de l'autorité de la « Critique », de la « Science », voulant nous imposer le respect de théories qu'ils prennent pour des absolus, à nous qui savons bien ce que c'est que « Critique » et « Science », choses toujours en train de se faire et de se corriger, choses que nous-mêmes, après nos devanciers, nous corrigeons et nous faisons pour notre part? Au XIIIe siècle, on n'avait pas encore créé d'entités mythologiques qui portassent exactement ces noms-là ; ce sont des fruits de la superstition contemporaine. Mais l'esprit qui a donné naissance à ces faux dieux existait comme aujourd'hui ; on jurait, non pas sur la foi de ces personnifications de « Critique » et de « Science », mais sur la foi d'un maître. Ce n'était pas l'anthropomorphisme actuel, c'était quelque chose de plus rond et de plus simple, la pure *anthropolâtrie.* Saint Thomas, qui demeura toujours respectueusement indépendant de toute autorité humaine, s'appelât-elle Aristote, donnait ainsi un exemple qui n'était pas sans mérite ni sans portée.

N'allons pas nous figurer pour autant que le grand Docteur fût un de ces superbes « individualistes » qui méprisent tout le passé et tout ce qu'autrui a pu découvrir. Loin de là ; modeste et clairvoyant comme il l'était, il savait que notre expérience propre, nos propres découvertes, sont quelque chose d'infime, comparées à cette grande expérience de l'espèce humaine dont chaque individu a besoin pour penser et pour vivre. Il savait que personne ne peut faire progresser cette raison collective qu'en y entrant d'abord avec respect et sympathie, en y assimilant son propre esprit.

Les personnalités supérieures sont toujours celles qui ont su le plus s'approprier de la grande expérience continue du genre humain, telle qu'elle s'est exprimée dans l'aristocratie de ses représentants.

S'il fut attiré vers Aristote, c'est qu'Aristote, lui aussi, avait jugé de même, et profité sciemment de toutes les théories de ses devanciers à lui connues.

Mais saint Thomas a su *comprendre* ses maîtres, entrer dans leur pensée en marche, sans jamais perdre de vue la réalité simple et perceptible à tous les hommes réfléchis, laquelle doit servir de pierre de touche à toutes les théories philosophiques. C'est dire qu'il était *libre vis-à-vis du passé,* non seulement en droit et en théorie, mais tout aussi bien en fait. Il n'a pas dédaigné la science de son temps, il ne faut pas même dire qu'il l'ait devancée ; les efforts de son grand esprit portaient sur d'autres points. Mais les systèmes scientifiques non prouvés, la physique ou l'astronomie commençantes de son époque, il n'en a usé que sous bénéfice d'inventaire. A cet égard on trouve chez lui des déclarations très explicites (1) ; sans faire la critique des théories scientifiques en faveur dans son milieu, sans se priver du plaisir d'artiste de les faire servir comme mineures à certaines argumentations *probables* destinées à confirmer ou à amplifier quelques-unes de ses thèses, il ne les considérait cependant — et cela révèle un état d'esprit très voisin du nôtre — que comme des expédients raisonnables pour donner à l'esprit une explication une, et non contradictoire, des phénomènes empiriques que l'on avait déjà observés. Il était donc *possible* à ses yeux que ces formules unificatrices fussent vraies, mais cela n'était nullement certain. Aussi n'a-t-il jamais basé sur les théories « scientifiques » de Ptolémée ou de quelque autre que ce soit, aucune des grandes thèses qui sont de l'essence de son

(1) Voici d'ailleurs son principe qui en dit long :
« Si autem aliquis alicui proponat ea quæ *in principiis per se notis* non includuntur, vel includi non manifestantur, non faciet in eo *scientiam*, sed forte *opinionem vel fidem.* » *De veritate*, 11, 1.

système. Il était, je le répète, *libre à l'égard du passé ;* il ne s'est pas posé au XIIIe siècle comme un défenseur chagrin des idées du vieux temps, grec ou chrétien ; mais il apparut comme aussi *moderne* que n'importe lequel de ses contemporains.

Messieurs les étudiants, n'est pas moderne qui veut. Pour être moderne au plein sens du mot, il a fallu pénétrer son temps, en avoir su apprécier les tendances, reconnaître celles qui sont viables, et celles qui ne sont que des déviations transitoires : c'est-à-dire qu'il faut s'efforcer d'être *aussi indépendant vis-à-vis de sa propre époque qu'on l'est vis-à-vis du passé.* Pour être moderne, il faut être en avance sur son temps. Il faut avoir plus de mémoire et plus d'audace que son temps. Aussi la foule, même la foule savante, n'est jamais moderne. Et si un penseur arrive à la vogue et à la célébrité du seul fait que la foule trouve dans cet esprit individuel un miroir fidèle où se réfléchissent en traits déliés ses propres pensées de foule ; si ce penseur ne fait qu'abstraire et résumer, mettre en formule nette ce que des masses bornées pensent confusément autour de lui, alors certes il ne saurait être plus *moderne* que la foule son inspiratrice. C'est tout au plus un *moderniste ;* mais quel abîme entre les deux mentalités que représentent ces deux expressions! Un moderniste — puisqu'il faut bien user de ce nouveau mot — c'est, il me semble, celui qui compare et oppose le présent au passé, pour essayer de se construire une synthèse suffisante (qu'il considérera, en pratique du moins, comme définitive), avec ce qui, dans le présent, s'oppose visiblement au passé ; et rien qu'avec cela ; tout le reste, il le rejette ou le néglige. Pauvre esclave de l'actualité, du fait-divers intellectuel ! Pauvre snob ! Sa synthèse et sa réputation passeront avec son temps. Il ne s'aperçoit même pas que, dans le moment où il a fixé son esprit pour faire le bilan des idées de son époque, et les mettre en système, leur flux s'écoulait, l'époque changeait déjà. Il a cru saisir et immobiliser le présent, pour en imposer les lois à l'avenir ; et, s'il a isolé le présent du passé, — comme s'il avait une valeur en soi, une valeur exclusivement normative, — il n'a guère pu saisir que le passé le plus récemment disparu. Il n'a pas capté le flot qui coulait, en s'élargissant et arrosant sans cesse les terres nouvelles de l'expérience, mais un peu de cette écume qui s'entasse contre la rive, aux tournants anguleux. Il l'a saisie dans ses mains, je dirais presque qu'il a voulu s'accrocher à cette blancheur inconsistante, et il la voit fuir entre ses doigts, il entend les bulles qui crèvent, rien ne lui reste du flot vivant, qu'un vieux détritus du passé, un morceau de bois mort peut-être, autour duquel avaient moussé prétentieusement les théories. Voilà ce qui arrive à tous ceux qui, manquant du sens de l'éternité et de la continuité, comme de celui du vrai mouvement, du sens du relatif comme de celui de l'absolu, veulent être modernes sans se laisser porter par le flot qui vient du passé. Ce n'est pas, il va sans dire, qu'il n'y ait dans le monde qu'écoulement, comme le voudrait Héraclite, sans parler de philosophes actuels bien connus. Mais ce qui ne change pas, soit dans le monde, soit dans l'esprit, ce qui marche toujours identique à soi-même et conditionnant la pensée de l'avenir comme celle d'aujourd'hui, en un mot les natures, les lois, les dogmes, ou, dans l'ordre de l'empirisme, les faits bien et dûment constatés, c'est justement tout cela que ne savent pas saisir ceux qui se passionnent pour la chose présente *parce que* elle est présente et ne ressemble pas à celles du passé. Car, je le répète, le présent contient tout le passé, et il faut connaître et estimer le passé pour comprendre le présent, l'estimer à sa juste valeur, et voir comme il est gros de l'avenir. En d'autres termes, pour pénétrer son temps, il faut être du temps passé et du temps à venir; et pour cela, il faut appuyer ses pensées sur la vision nette des réalités profondes qui maintiennent la continuité de tous les phénomènes changeants ; des réalités, autrement dit, qui sont *de tous les temps*. L'histoire prépare à les connaître, au moins pour ce qui est de l'ordre humain ; mais seules la philosophie et la foi les font connaître. On n'est moderne, pourtant, à aucune époque, qu'à la condition de bien les voir. Le grand théologien que fut saint Thomas les voyait. Il devait, d'une part, à sa connaissance sympathique de la tradition, d'autre part à son estime de l'universel, du nécessaire, à sa passion du divin, qui le tenaient au-dessus du monde des contingences, des engouements et des polémiques, d'être moderne au sens le plus éminent.

Mais, si c'est de la sorte qu'on est *moderne* pour une époque, on est moderne aussi pour toutes les autres époques. Saint Thomas a été moderne au XIIIe siècle, il l'est encore aujourd'hui, et il le sera demain, quand on aura oublié les noms de la plupart de ceux qui l'attaquent au nom de la « pensée moderne ».

Ce n'est pas un paradoxe, Messieurs ; ou du moins c'est un paradoxe vrai. Je ne veux pas dire, vous le comprenez bien, qu'il n'y avait plus rien à faire en philosophie ou en théologie après le Docteur angélique ; Maître Thomas s'en indignerait, et me renierait pour son disciple. Sans doute, on a beaucoup découvert depuis son époque, et on découvrira beaucoup encore, certes, que nous ignorons. Je maintiens seulement que, en philosophie et en théologie, il a dit l'essentiel ; je maintiens que toutes nos découvertes acquises depuis lors trouvaient déjà des points d'attache dans sa doctrine, et qu'on peut avoir la ferme confiance que toutes nos découvertes futures entreront sans violence dans la grande synthèse dont il a solidement posé les bases. Si la mortalité humaine permettait aux génies de prolonger leur activité à travers les générations et les siècles, lui-même, j'en suis persuadé, eût su interpréter à la lumière de ses principes tous les faits et systèmes de faits qu'on a cru pouvoir opposer à sa philosophie. Du ciel où il est, il entend bien que d'autres le fassent en sa place et en son nom. Conditions sociales, politiques, scientifiques, depuis le XIIIe siècle, tout s'est renouvelé. L'histoire, pour ne parler que d'elle, l'histoire documentaire, qu'on l'applique à l'exégèse biblique ou à l'étude des systèmes de philosophie, n'existait à son époque qu'à l'état de germe, à peine de rudiment. Aujourd'hui elle entre comme un auxiliaire indispensable, avec toutes les disciplines annexes, dans presque toutes les branches des connaissances humaines. Soyez persuadé que saint Thomas, si métaphysicien qu'il fût, n'eût pas accueilli le progrès historique avec défiance et mauvaise humeur. S'il écrivait au xxe siècle, il insisterait, autant, et plus, et mieux que nous, sur les aspects génétiques des choses, des idées, des institutions. Tous les points de vue nouveaux il les eût acceptés, pourvu qu'ils fussent vrais, et ne posassent point pour parler son langage, l' « acte » au-dessous de la « puissance », la tendance au-dessus du terme, le désordre au-dessus de l'ordre, les processus aveugles au-dessus de la raison. Ces perversions-là lui eussent paru aussi absurdes de nos jours qu'au xiiie siècle. Mais tous les *faits* constatés, il les eût acceptés, en conservant seulement vis-à-vis des théories proprement scientifiques (je ne parle pas des systèmes pseudo-philosophiques bâtis sous prétexte de faits) la même réserve qu'il avait à l'égard de celles de son temps. Il n'eût rien rejeté de ce qui aurait été prouvé ; mais tranquillement, posément, il aurait appliqué sa *forme,* toujours la même, la lumière ordonnatrice de ses principes de foi et d'ontologie, à cette *matière* renouvelée. Car c'est une accusation qui fait sourire ceux qui l'ont étudié de près, de prétendre que ces principes-là étaient fonction de la physique ou de l'histoire enseignées dans les écoles médiévales. Sa pensée se servait de ces instruments imparfaits ; mais elle s'en servait en maîtresse, elle ne dépendait point d'eux. Exemple rare, sinon unique, parmi les penseurs : saint Thomas, pour une vraie *démonstration*, donnée comme telle, ne s'est jamais appuyé sur une prémisse caduque. C'est pour cela qu'il reste moderne au xxe siècle, comme il le fut au XIIIe. On peut ainsi rester moderne *en substance*, indéfiniment, lorsqu'on s'est toujours gardé de voir la Raison incarnée dans les idées d'un maître en vie ou en vogue ; lorsqu'on n'a pris pour base de ses spéculations que les intuitions immuables et les lois fondamentales de la pensée humaine, en laissant au rang d'auxiliaires ce que nous appelons aujourd'hui la « Critique » et la « Science », en tant qu'elles sont non pas des systèmes de *faits* immuables ou pleinement constatés, ou les méthodes naturelles d'investigation dictées et perfectionnées par l'éternel bon sens, mais les instruments d'occasion que nous avons savamment construits pour unifier vaille que vaille l'ensemble des faits disparates *actuellement* connus de nous, ou les synthèses provisoires que l'on a érigées artificiellement en systèmes clos, en négligeant une partie de l'expérience du passé, et en ne laissant aucune place libre pour celle de l'avenir.

Saint Thomas n'a pas usé de ces fictions, utiles parfois aux penseurs, mais toujours dangereuses si l'on ne sait pas s'en défaire à temps. Il ne s'est attaché à rien de ce qui peut vieillir, mais à la Vérité *nécessaire,* qui est toujours jeune. Un système artificiel et erroné peut séduire par sa nouveauté ingénieuse quand il est formulé pour la première fois. Cependant l'erreur naît toujours vieille et avec des rides ; comme l'*homunculus* de Gœthe, elle ne se conserve qu'en vase clos, à la condition que des préjugés, des intérêts, une utilité apparente et des passions tenaces montent la garde autour de sa fiole, et empêchent la critique désintéressée d'y toucher avec ses doigts rudes. La Vérité, elle, n'a rien à craindre des examens minutieux, ni du grand air de l'expérience. Le fait est que, après six siècles, saint Thomas d'Aquin trouve des disciples qui sont aussi bien de leur temps que nul de leurs contemporains ; que Léon XIII, ce grand pape, l'a présenté comme une autorité définitive ; que ceux qui ont bien compris le thomisme y tiennent fermement, avec une tranquille intransigeance, et cependant passent d'ordinaire pour assez accueillants, parce qu'ils se sentent entièrement à l'aise vis-à-vis de toutes les nouvelles données de l'histoire ou des sciences de la nature. On peut bien voir là, disons le mot, une espèce de miracle : rappelons-nous que Thomas d'Aquin ne fut pas seulement un génie, mais on l'appelle *saint* Thomas. S'il a pu être de tous les temps, c'est parce qu'il fut de l'éternité.

II

La liberté d'âme de saint Thomas.

Son amour exclusif et jaloux de la Vérité éternelle. — C'est sa sainteté qui explique son génie. — Comment il résolut le « problème » de la conciliation de la liberté et de l'autorité. — Absence d'antinomies dans sa doctrine. — Son désintéressement. — Quelques échappées que présentent ses œuvres sur sa vie affective.

Un saint est un homme amoureux de la Vérité éternelle.

Messieurs, je me suis tout à l'heure moqué des personnifications mythiques qu'on adore à notre époque. Est-ce que je ne tombe pas dans le même ridicule, moi qui, depuis le commencement de ce discours, vous parle de la Vérité comme d'une personne? Non, car la Vérité est bien réellement une Personne : la Vérité est Dieu, Dieu, le Bien de l'Intelligence ; et l'originalité de saint Thomas, comme de saint Augustin et d'un petit nombre d'autres saints de génie, c'est d'avoir eu constamment présente à l'esprit, pour vivifier toutes ses spéculations, cette identité nécessaire de la source de toute personnalité et de toute vérité, de l'*Ens* et du *Verum ;* toutes les vérités accessibles ici-bas à l'intelligence humaine, n'en sont, comme tous les êtres, que des participations, des reflets, des images, faites pour élever l'esprit, comme par échelons, vers l'Inaccessible Lumière qui est toute Vie, toute Personnalité, tout Amour. Comme notre saint a dû aimer la personne de Jésus-Christ ! Quels enivrements il a dû goûter dans la méditation de cette parole, nullement abstraite pour lui : *Verbum caro factum est !*

Et comme penseur, et comme chrétien, il ne vivait que de l'amour personnel, exclusif, jaloux, de la Vérité éternelle. Si le jeune comte d'Aquin n'était pas devenu saint Thomas, peut-être aurait-il pu — la supposition n'est pas trop audacieuse, — devenir un Aristote. Mais alors, sa doctrine, par certains côtés, n'eût été que celle d'un homme du XIIIe siècle, comme Aristote n'a pu sortir de la mentalité d'un Grec du IVe siècle avant notre ère. Or, ni la Grèce, ni le Moyen Age, ne sont plus. Du thomisme, il ne serait demeuré de valable que certaines grandes lignes, certaines idées fécondes, il faudrait trier dans l'œuvre, y faire la part du feu, de l'oubli, de la vétusté. Je n'aurais pu la qualifier de « moderne », comme je l'ai fait tout à l'heure avec une entière conviction.

Mais, parce qu'on s'identifie à ce qu'on aime, et que saint Thomas était épris de l'éternelle Vérité, de là vient que sa pensée a pu planer au-dessus du milieu temporaire; de là vient aussi que la parfaite indépendance de sa spéculation a pu se fondre avec la soumission la plus entière vis-à-vis de toute autorité légitime, celle de l'Église infaillible, d'abord, puis celle de *tout homme* qui a pensé juste et dit vrai.

Un des plus hauts titres de gloire de ce Docteur, en effet, un de ceux qui doivent le rendre le plus sympathique à notre époque, en dehors même du monde des penseurs professionnels, c'est l'union harmonieuse qui s'est faite dans sa conduite et son enseignement entre les droits de l'individu et ceux de la société. Le difficile problème, en d'autres termes, de la conciliation de la liberté et de l'autorité, — problème né avec la première créature intelligente, mais qui a pris, de nos jours, l'acuité que l'on sait — ce problème, je ne me hasarde pas trop en disant que, chez saint Thomas, il est résolu à la fois dans sa doctrine et dans sa conscience. Il est résolu parce que les termes opposés sont pour ainsi dire supprimés, s'étant fondus l'un dans l'autre. Il ne les a pas juxtaposés et « harmonisés » dans une combinaison qui fasse à chacun sa part, comme à deux adversaires en lutte ; il n'a pas usé à leur égard de finasseries de joueur d'échecs n'aboutissant qu'à un équilibre *extrinséciste,* instable, qui laisse subsister l'antagonisme des principes. Loin de là. Il connaissait, d'une part, toute la dignité d'un esprit qui pense, d'une volonté qui décrète, d'une activité qui réalise ; de l'autre, il savait que toutes les énergies partielles sont solidaires, mais non égales entre elles ; et c'était à ses yeux une *nécessité,* que ce qui a le plus de vie, de noblesse, d'étendue, domine *architectoniquement* tout ce qui en a moins. Aussi ce penseur indépendant était-il parfaitement soumis, d'esprit et de cœur, à l'Autorité, parce qu'il savait avec exactitude ce qu'est le rôle de l'Autorité, et jusqu'où il s'étend. L'autorité n'était plus pour lui quelque chose d'extérieur ; elle vivait dans sa conscience même, car sa conscience s'était elle-même élargie jusqu'aux vues les plus universelles du *Bien commun* dont l'autorité a la charge. Il obéissait spontanément, non d'une obéissance aveugle — ce terme, quoiqu'on puisse l'expliquer correctement, n'était pas de son vocabulaire, — mais avec la pleine clairvoyance d'un homme qui a toujours les yeux fixés sur Celui qui est la suprême Autorité et la Liberté souveraine ; sur Dieu, qui, en unissant à Sa Volonté celle de l'homme, ne la violente jamais, mais l'élève au contraire à cette hauteur où l'homme devient à lui-même sa propre loi, et sait vouloir en souverain; à cette hauteur, il est trop au-dessus de l'esclavage de sa subjectivité et de la matière pour se soumettre à aucune autorité *illégitime,* et pour n'être pas pleinement soumis à toute autorité *légitime,* parce qu'il y voit toujours celle de l'Ordre nécessaire, celle de Dieu, et par conséquent aussi celle de sa conscience où Dieu parle.

Pour qui voit les choses de si haut, sans étroitesse ni égoïsme, il ne saurait être question d'un *conflit* entre l'autorité et la liberté, ni dans le domaine intellectuel, ni dans aucun autre. Humble et indomptable, sans adulation, sans provocation, il considère comme la parole d'un maître toute parole où Dieu lui fait connaître Sa propre parole infaillible ; et il ne pourrait s'insurger contre elle, faire naître le fameux « conflit » qu'en faisant violence à sa propre loi intérieure, en nuisant sciemment à sa propre personnalité, en s'écartant comme un lâche de la ligne de son développement personnel. Pour ce qui est de toutes les autres paroles, elles ne comptent même pas pour lui, et il n'a jamais l'embarras de se demander, comme les faibles et les égoïstes, dont l'amour est partagé entre la Vérité et d'autres objets, s'il leur obéira.

Aussi, dans la morale de saint Thomas, il n'y a pas plus d'antinomie irréductible, qu'il n'y en a dans sa théologie entre la science et la révélation, dans son épistémologie entre le sens commun et la connaissance scientifique, dans sa métaphysique entre l'action de Dieu infini et celle des créatures finies. Et chez lui, ce n'est pas une unification obtenue à force d'habileté, ou de petites *habiletés,* entre des éléments essentiellement antagonistes. Tout découle pour lui d'un seul principe, unique, absolu, universel, supériorité de l'Acte vis-à-vis de la Puissance, du Parfait vis-à-vis de l'Imparfait, de la source par rapport aux ruisseaux, de la cause par rapport à l'effet, de la fin par rapport aux moyens. Ce principe unique et sans exceptions domine tellement toute son œuvre, il jette une évidence si lumineuse sur les problèmes les plus obscurs! Il s'applique sans violence dans les questions les plus diverses, dépassant énormément les conclusions qu'en avait su tirer Aristote; aussi le thomisme rend-il ceux qui l'ont bien étudié et pénétré, absolument rebelles aux séductions de tous les autres systèmes; ils ne sauraient s'attacher à d'autres, quelques mérites partiels qu'ils y reconnaissent, car ils n'y pourraient respirer à l'aise, ils s'y trouveraient toujours à l'étroit et obligés de faire des actes de foi en des autorités qu'ils ne peuvent reconnaître, car il est trop douteux qu'elles soient celle même de la Vérité divine.

Remarquez bien, Messieurs, que, pour expliquer toutes ces harmonies qui attachent avec des nœuds de diamant, mais sans lui faire subir aucune violence, l'esprit qui les a vues une fois, l'analyse profonde ne saurait découvrir qu'une seule et même raison. La voici : c'est l'affranchissement, obtenu par Maître Thomas au degré le plus rare, de tout ce qui s'appelle égoïsme moral, et aussi de cet égoïsme que je pourrais appeler *ontologique*, et qui résulte de l'individualité humaine enfermée dans le temps et dans l'espace.

Ce double égoïsme obscurcit l'esprit, il tient en cage cet oiseau fait pour voler dans l'air libre, comme il restreint, paralyse ou égare la Volonté, cette puissance qui est, dans saint Thomas, la tendance au Bien universel, au Bien en tant que Bien.

Or, il est hors de doute que saint Thomas n'a pu si admirablement surmonter l'égoïsme *ontologique* que du fait de sa sainteté, de sa victoire sur l'égoïsme moral. Dernière et suprême harmonie :

le génie et la sainteté, chez lui, ont découlé visiblement de la même source.

Ce qu'il y eut de plus éclatant dans son enseignement, dans la vie peu accidentée de cet homme, ce fut son désintéressement. Le modeste professeur, à qui sa naissance et son talent eussent donné, quoiqu'il fût simple religieux, le droit d'aspirer très haut, n'a jamais pensé à être autre chose que professeur. Tout en maintenant très fermement le droit de la personnalité humaine à une autonomie bien réglée, — lisez par exemple son traité de la *Magnanimité,* — tout en se dévouant sans réserve à toutes les collectivités, ordre religieux, université et autres, qui avaient droit à son dévouement, il ne s'est jamais montré, que l'on sache, jaloux d'un autre, il n'a jamais voulu accepter aucune haute situation pour lui-même, il n'est entré dans aucune intrigue, ne s'est jamais fait l'instrument d'aucun égoïsme privé ou collectif; et cela à une époque où, on le sait, ambitions et rivalités allaient leur train, et plus brutalement que dans nos sociétés modernes. Il n'a pas eu non plus l'orgueil de l'esprit, cette tentation des philosophes désintéressés du monde extérieur, lui qui n'a jamais insulté un adversaire, et qui disait aux derniers temps de sa vie : « Tout ce que j'ai écrit m'apparaît comme de la paille. » Non il voyait trop loin pour être égoïste, trop haut pour être orgueilleux.

Sa légende — ou son histoire — nous apprend qu'il passait pour naïf. Messieurs, il ne faut pas considérer cela comme une calomnie dont on aurait à laver sa mémoire. Naïf? pour moi, je suis bien convaincu qu'il l'était. Il avait d'abord cette naïveté des âmes libres qui, très détachées de tout intérêt personnel, croient plus naturellement au bien qu'au mal — ce qui est un caractère de la charité, d'après saint Paul; — qui, ne se sentant pas menacées par les avantages des autres, ne sont pas soupçonneuses, tracassières, prennent les choses, les idées et les gens en bonne part. Il avait encore cet optimisme « naïf », si vous le voulez, de ceux qui voient très clair, assez clair pour ne pas perdre de vue, quand il y a des nuages, que, par derrière, le soleil luit encore. Il avait foi en Dieu, foi dans l'Église, par conséquent foi dans sa propre activité, soumise à Dieu, foi dans les causes qu'il défendait au nom de l'Église, foi dans l'avenir. Les vents changent, les nuages passent, le soleil demeure. D'ailleurs, quand il y avait à livrer combat, pour défendre soit la doctrine, soit la perfection de l'idéal chrétien, lui n'était pas de ces béats conciliateurs qui, par excès de charité pour les personnes, n'osent jamais attaquer une idée fausse; mais c'était toujours une erreur, jamais une personne, qu'il attaquait avec sa fermeté sereine.

Ainsi, de tous les côtés, saint Thomas d'Aquin nous apparaît comme un des plus beaux exemples que nous offre l'histoire, de pondération dans la vigueur, d'indépendance dans l'humilité, de respect des autres dans l'élévation. C'était sa vie intérieure, si dégagée d'égoïsme, et si pleinement soumise au Dieu de vérité, qui était la source de cette magnifique harmonie. C'était l'amour surnaturellement ardent, celui qui fait les saints, qui empêchait cette noble intelligence de jamais dévier ni s'obscurcir. D'autre part, l'amour, chez de tels hommes, s'accroît avec la clarté de la pensée, d'une pensée qui devient toujours plus pénétrante et plus sûre à mesure que l'amour est plus fort. Ici-bas, saint Thomas l'a dit souvent, sous le régime de la foi, ce crépuscule où flotte la douleur de l'attrait inassouvi, l'amour nous rapproche de Dieu plus que la connaissance; mais, en travaillant à mieux connaître, on se met à même d'aimer toujours avec plus d'intensité, et ainsi on augmente sa capacité de posséder Dieu, au grand jour où Il se donnera à nous dans la pleine vision. Aussi, comme il aimait, saint Thomas! Sans doute il ne nous a pas fait sur ce point-là beaucoup de confidences. Les procédés du style scolastique, et surtout la transcendante impersonnalité de son œuvre, modèle d'esprit philosophique, s'y opposaient. Mais la lucidité continue de cette œuvre serait inexplicable sans la sainteté. Et puis, au milieu même de ses argumentations, il y a sur sa vie affective, sur le caractère de la source de ses pensées, de ces échappées qui ne trompent point et qui sont pleines de sens pour tous ceux qui le connaissent familièrement; il y a des profondeurs voilées, des révélations — naïves encore — de ses états d'âme, tellement modestes, pour ne pas dire timides et gauches, qu'elles émeuvent et font sourire à la fois quand elles tombent inattendues sous les yeux du lecteur. C'est ainsi que, parlant de la prière vocale et de l'espèce d'attention qui y est requise, il vous déclarera que « la plus nécessaire est celle qui se porte sur la fin, le but même de la prière, c'est-à-dire sur Dieu même et sur l'objet en vue duquel on prie;... et parfois même cette attention de l'esprit à Dieu est si intense, que l'esprit en oublie tout le reste, *comme dit Hugues de Saint-Victor* (1). » Ah!

(1) IIæ IIa, 83, 13.

le bon saint! Comme s'il avait eu besoin de lire Hugues de Saint-Victor pour savoir cela, lui qui a plus d'une fois eu des extases! Mais il n'a jamais pensé à occuper les autres de lui-même, ni de son expérience personnelle.

III

Un regard sur l'œuvre du Docteur Angélique.

Comme quoi l' « intellectualisme » de saint Thomas est l'antipode du « rationalisme ». — L'intelligence philosophique en face de la Révélation. — La foi et la vision.

Messieurs, si nous avons réussi à entrevoir quelque chose des merveilleuses richesses de cette personnalité, portons notre dernier regard sur l'œuvre où elle s'est exprimée, d'une façon non pas adéquate, bien sûr, mais remarquablement significative. En pensant à l'auteur, nous la comprendrons mieux, et elle ne nous éclairera pas seulement, elle nous touchera. Qui donc a dit qu'elle était *rationaliste?* C'est le reproche le plus étonnant qu'on puisse lui faire. Rationaliste! et en quel sens, mon Dieu? Le rationalisme ne consiste-t-il pas à refuser dédaigneusement la qualité de vrai et de réel à tout ce que nous ne pouvons loger à l'aise dans nos catégories, à tout ce que notre raison, cette machine « à composer et à diviser » ne peut, par ses propres forces, saisir, découper, analyser, expliquer? Or, saint

Thomas est avant tout un théologien; il ne considère les démarches de la raison discursive que comme un pis-aller, ou plutôt comme l'acte imparfait approprié aux conditions imparfaites où végète et tâtonne ici-bas notre intelligence humaine, trop bas placée dans l'échelle des esprits pour être principalement intuitive, trop liée à la matière pour exercer son acte spirituel autrement que sur les données des sens matériels! Si elle prétendait que rien n'existe de ce qui lui est, dans l'état présent, inaccessible, elle serait ridicule comme un hibou savant qui nierait l'existence du jour parce qu'il ne peut voir clairement que dans la nuit! Le *mystère* l'enveloppe de toutes parts, et il faut qu'elle le sache, et il faut qu'en exerçant vigoureusement, méthodiquement, son acte naturel, si modeste, qui est de raisonner, elle n'aspire qu'à nous préparer, autant qu'elle le peut, à la contemplation du grand objet adéquat dont la seule intuition pourrait lui faire parfaitement comprendre les êtres participés, les ombres, les vestiges qui sont à sa portée naturelle. Et ce n'est qu'une lumière surnaturelle qui la mettra en possession de cet Objet, c'est-à-dire de l'Être subsistant, du Dieu caché, qui habite dans la Lumière inaccessible.

Et même dans le domaine de la connaissance

naturelle, de la science acquise par abstraction, serait-ce le mécanisme de notre raison discursive qui fait la loi des êtres? Saint Thomas a sans doute affirmé, avec une noble assurance dans la bonté relative de nos moyens naturels de connaître, que nous pouvons connaître les *essences* des êtres matériels qui nous entourent — il n'a pas dit, cependant, que nous réussissions souvent à bien les connaître (1), — et par là nous représenter avec une certaine infaillibilité leurs principaux rapports, et nous élever jusqu'à la certitude de l'existence d'une cause première, de l'Etre parfait et subsistant, dont la vue nous expliquerait tout. Mais, en tout cela, c'est l'être qui mesure la pensée, et non la *pensée* qui mesure l'être. Et l'être

(1) Voici quelques déclarations de saint Thomas bien propres à faire pénétrer sa vraie pensée sur ce sujet :

... Differentiæ essentiales quæ ignotæ et innominatæ sunt secundum Philosophum in VII, Metaph. text. 35, designantur differentiis accidentalibus, quæ ex essentialibus causantur, sicut causa designatur per suum effectum ; sicut calidum et frigidum assignantur differentiæ ignis et aquæ. Unde possunt plures differentiæ pro specificis assignari secundum plures proprietates rerum differentium specie, ex essentialibus differentiis causatas ; quarum tamen istæ melius assignantur quæ priores sunt, quasi essentialibus differentiis propinquiores.

(*Sent.*, II, Dist. III, q. I, a. 6.)

Dicendum quod quia substantiales differentiæ non sunt nobis notæ, vel etiam nominatæ non sunt, oportet interdum uti differentiis accidentalibus loco substantialium; puta si quis diceret : Ignis est corpus simplex, calidum et siccum. Accidentia enim propria sunt effectus formarum substantialium, et manifestant eas.

(Ia *Sum. Theol.*, q. XXIX, a, 1, ad 3um)

Dicendum quod secundum Philos. in VIII Metaph., quia substantiales differentiæ sunt nobis ignotæ, loco earum interdum definientes accidentalibus utuntur, etc.

(*De Ver.*, q. V, a. 1, ad 6um.)

Et de pareilles assertions se multiplient à travers toute son œuvre. Cf. p. ex., *Métaph.*, VII, comment. 12, et *Post Anal.*, II, lect. 13.

déborde notre pensée infiniment. Messieurs, c'est là un *intellectualisme* qui est aux antipodes du *rationalisme*, pour lequel rien n'existe que ce qui peut, ou pourrait un jour, tomber sous la prise de la raison faiseuse de discours. Dans l'abîme de l'être où nous sommes plongés, la pensée, grâce à l'intuition des premiers principes, et peut-être de quelques essences (ou au moins de certains complexus de phénomènes assez constants pour qu'elle juge que leur union est requise par des essences fixes), la pensée peut nous faire trouver notre chemin, en tâtonnant, au milieu du tourbillon des êtres; elle pose des jalons, des points de repère qui sont vrais et stables, indépendamment de nos dispositions subjectives, et de l'intérêt qu'ils peuvent avoir pour nous. Saint Thomas n'était donc pas un pragmatiste; mais un rationaliste, un *intellectualiste naïf*, commeon dit, encore moins. Rien, dans sa doctrine, ne peut nous faire perdre, ni même affaiblir en nous, le sens du mystère, qui, bien mieux que le discours, nous révèle la grandeur de notre intelligence, et de l'acte futur que Dieu peut lui faire accomplir dans un meilleur monde. Elle est, en attendant, comme un voyageur hardi qui escalade des cimes sur le bord d'un océan dont il ne peut, même en rêve, supputer l'étendue. Supposons que les cimes soient de plus en plus élevées, et qu'il réussisse à les gravir l'une après l'autre. A mesure qu'il avance, son horizon s'élargira, il sera saisi de plus en plus par l'ivresse de l'infini insondable qui s'étale loin, bien loin, hors de la portée de ses regards. Ainsi l'intelligence, en progressant comme saint Thomas le conçoit, découvrira toujours qu'il y a autour et au-dessus d'elle beaucoup plus d'être qu'elle ne le croyait d'abord, donc beaucoup plus de questions irrésolues ; elle s'enivrera du vent du large, mais sentira toujours qu'elle repose sur un terrain solide ; elle ne se noiera pas dans le rêve mystique, et ne marchera jamais en aveugle, au hasard des appétits. C'est l'attitude vraiment philosophique et vraiment humaine, la seule.

Donc, plus l'intelligence naturelle a rempli consciencieusement et courageusement son office, plus elle sera disposée à apprécier le bienfait d'une révélation surnaturelle. Mais la révélation elle-même, telle que nous la possédons ici-bas, ne peut nous satisfaire entièrement dans l'ordre de la connaissance. Du monde surnaturel nous ne concevons rien que par *analogie* (1). Les rensei-

(1) On a beaucoup écrit, les années dernières, sur l'*analogie* thomiste; et malgré les excellentes explications qui en ont été données de divers côtés, tout le monde n'a pas encore l'air, — même parmi

gnements de la foi, pour sûrs qu'ils soient, ne donnent pas le repos à notre intelligence, qui a besoin d'intuitions claires et directes. Ils l'enflamment au contraire du désir de voir sans cesse

ceux qui devraient avoir une connaissance matérielle assez exacte de saint Thomas, — de l'avoir bien comprise.

Elle n'est pourtant pas si difficile à saisir; mais quelques polemistes, dominés sans doute par l'idée fixe de repousser toute apparence de connivence avec certains systèmes — ruineux en effet — tels que le pur pragmatisme, prennent à tâche de donner aux concepts dits « analogiques de proportionnalité » un certain genre de détermination qui leur ferait perdre en exactitude représentative tout ce qu'ils gagneraient en précision apparente. Il est, par exemple, tout à fait erroné d'avancer que nous entendons les réalités transcendantes ou surnaturelles « par des signes où nous ne mettons rien qui n'en soit représentatif »; par des signes où *nous condamnons certains éléments inhérents au signe lui-meme*, sans pouvoir cependant les chasser de notre esprit, ni constituer un signe d'où ils seraient absents, soit; mais ce n'est sans doute pas ainsi qu'on l'entend. De fait, ceux qui parlent ainsi, quand ils veulent se représenter ces réalités supérieures, doivent faire tout comme nous : il faut qu'ils prennent d'abord, dans une des catégories aristotéliciennes, un terme univoque, représentatif d'une idée simple *non* absolument *transcendante, ni surnaturelle*, qu'on puisse y faire rentrer, au moins par réduction. Car même les transcendantaux tels que *être, vrai, bien,* sont conçus par mode de formes ou de qualités. Le concept est clair en soi, et nul ne les empêchera d'en « faire le tour » s'ils le veulent, jusqu'à se fatiguer. Mais le dit concept n'est pas encore prêt à servir, pour représenter l'objet surnaturel, que ce soit l'essence divine, ou la Trinité, ou la grâce, etc.; car il nous a été nécessairement fourni revêtu d'un mode naturel, restrictif, qu'on est obligé de nier si on veut l'appliquer a désigner les réalités en cause. Or, nous ne pouvons pas abstraire de ce mode, pour ne garder dans notre esprit qu'un résidu simple, isolé, clair en soi, du concept primitif — même si celui-ci était aussi abstrait que *Substance, Acte*, etc. En réalité, nous conservons tout notre concept brut ou prédicamental, mais nous le corrigeons en y joignant la négation du mode défectueux, lequel mode contribuait pourtant à le rendre clair pour nous, à le proportionner à notre intelligence débile. Cette négation est indispensable si nous voulons attribuer au concept une valeur représentative, et elle fait essentiellement partie du signe analogique en tant que tel.

Celui-ci se compose donc, en fin de compte, de deux éléments : 1° d'un concept indécomposable, devant l'œil de notre esprit, de tel ou tel de ses modes; 2° de l'affirmation qu'il *representerait*, de loin, l'objet transcendant, si seulement ce *mode* intrinsèque pouvait en être ôté.

Il est donc bien vrai qu'un tel concept analogique demeure obscur en soi; il manque de clarté comme d'unité. (Voir ROUSSELOT, *Intellectualisme de saint Thomas*, c. II, I, où j'ai trouvé ce point de vue très bien développé.) Aussi l'esprit, qui doit, par ce moyen si pauvre, se fixer sur l'objet transcendant, reste-t-il toujours dans un davantage; ils mettent l'homme dans un ineffable tourment, par la soif de connaître mieux pour mieux aimer, de toujours aimer mieux pour mieux connaître; jusqu'au jour où l'Inaccessible, l'Insondable, l'Infini, sans l'intermédiaire d'aucun raisonnement, d'aucune abstraction, ni même d'aucune idée, attirera, inondera, plongera Lui-même toute la puissance de notre esprit dans Sa vision.

état de tension, bien loin de ce repos que la clarté et l'unité de l'idée lui donneraient. Ce malaise ne nuira pas, de soi, à la certitude qu'il peut avoir de la valeur, et de la valeur exclusive, de sa représentation analogique. Mais l'impression totale produite sur l'intellect sera toujours quelque chose *de très élevé et de très obscur*. Tout le genre de clarté qu'on pourra donner à cette idée sera de la *distinguer* de toutes nos autres idées, de façon à éviter toute espèce de confusion, mais on ne réussira jamais, malgré le besoin continuel qui y pousse, à faire du signe quelque chose de simple, à remplacer la négation par quelque chose de positif, par des linéaments intérieurs que seule l'intuition simple et directe pourrait nous montrer.

Pour éclairer vaille que vaille cette représentation, on pourra en rapprocher certaines analogies secondaires, qui seront comme les harmoniques de la première; on pourra recourir, — surtout quand il s'agit de données dogmatiques, — à la considération des effets produits dans notre affectivité ou notre action par l'objet transcendant de la représentation spéculative; on pourra se dire : « Il est la cause de ceci ou de cela que j'éprouve. » C'est alors que l'expérience et le cœur ont un grand rôle à jouer. De toutes ces données, on peut arriver à faire un ensemble très riche et très vivant, et qu'on saisira globalement, à la façon, toute proportion gardée, dont on a l'idée d'une personne individuelle. Tout cela nous aidera à distinguer, de mieux en mieux, l'objet de tout ce qui n'est pas lui; mais jamais l'ensemble de toutes ces données, tant spéculatives qu'expérimentales, n'équivaudra à une définition, ni à rien de *per se notum quoad nos*, dès qu'il s'agit de surnaturel. Il est bon de se rappeler ici le précepte péripatéticien : *Quod non potest fieri per unum aliqualiter fiat per multa*.

Qu'il soit ou non éclairé par ces connaissances expérimentales et ces analogies secondaires, on verra bien, même avec la représentation analogique la plus sèche (pourvu qu'elle soit vraie), que certaines modalités philosophiques ne sauraient convenir à l'objet : c'est par là que le terme transcendant ou dogmatique aura une acception philosophique *tranchée*; seulement cette acception sera toujours impossible à formuler, dans l'état terrestre de nos connaissances, d'une façon positivement adéquate. Il équivaudra d'ailleurs aux concepts les plus clairs, ou plutôt les dépassera en efficacité pour ce qui est de régler nos pensées et nos actions, nos sentiments, dans l'existence présente, par rapport à son objet. — Avril 1909.

Pour Aristote déjà — c'est là une de ses vues les plus géniales — la matière n'est qu'une aspiration, un immense soupir de tout le monde corporel vers toutes sortes d'existences dans un univers d'organisation, d'ordre et de beauté. Or, la volonté des créatures intelligentes n'est aussi qu'une tendance illimitée, jamais pleinement satisfaite, vers un Bien sans limites, à conquérir par la connaissance.

La grâce vient d'en haut, qui proportionne ces puissances à viser efficacement le Bien infini ; mais c'est en multipliant, avec les appels qui stimulent, le malaise et les souffrances de l'esprit qui veut voir, de la volonté qui veut jouir d'un bien présent et définitif, jusqu'au jour où l'*inquietum cor,* comme dit saint Augustin, se reposera dans le Bien total et ineffable, dans la Vérité essentielle et personnelle que l'intelligence aura conquise.

Une telle doctrine philosophique et théologique n'est-elle pas le plus beau, le plus plein, le plus rationnel commentaire de ces paroles de saint Paul : *Tota creatura ingemiscit et parturit usque adhuc. — Spiritus postulat pro nobis gemitibus inenarrabilibus. — Videbimus Eum sicuti est ?*

Un système froid, abstrait, rationaliste, purement statique ?

Il manque du sens de la vie et de profondeur mystique ?

Certes, nul ne peut le juger ainsi que ceux qui n'ont jamais lu saint Thomas, ou qui n'ont point été capables de saisir l'ensemble du système !

Conclusion.

Saint Thomas est le type excellent de la liberté et de la paix que donne la Vérité aimée. — Sa « naïveté ». — La grande œuvre de charité.

Concluons, Messieurs. L'homme qui a su exprimer systématiquement, scientifiquement, de pareilles conceptions, qui sont à la fois le poème des poèmes et la réalité des réalités, cet homme doit nous apparaître comme singulièrement étranger à tout ce qui borne la vue ou rétrécit le cœur des hommes. C'est le type même de la liberté que donne la Vérité aimée. Et, parce qu'il fut si libre, comme il fut simple ! C'était une vraie simplicité d'enfant. Oui, dans ce docteur uniquement occupé de questions si hautes, se révèle de toutes façons cette candeur qui donne accès au Royaume des cieux. Dans cet esprit lucide on sent la chaleur la plus douce et la plus égale, — la plus intense aussi, — de l'âme. Chez cet homme au corps plutôt puissant et grave, certaines manières d'enfant étaient, paraît-il, les échappées d'une âme quasi enfantine à force de fraîcheur et de pureté angélique. Mais les lignes les plus harmonieuses, les couleurs les plus fraîches qu'un Angelico de Fiésole ou un Botticelli ont su trouver pour peindre leurs esprits célestes, ne suffiraient pas à peindre cette âme-là. Parce qu'elle était toute livrée à la lumière, comme un diamant transparent. Cette lumière n'était pas celle de la lampe au fond d'une mine, ce n'était pas celle de la *science pour la science,* froide et sans cœur, pareille à l'aurore boréale sur une banquise, qu'on peut admirer, mais qui n'empêche pas de mourir de froid; c'était la Sainte Lumière du Soleil des âmes, qui délivre et qui échauffe en éclairant.

La grande charité, la charité qui fut celle de saint Thomas d'Aquin, a été de regarder sans cesse cette lumière, d'en vivre et de la montrer aux autres, pour qu'ils apprennent à en vivre aussi, avec toute la liberté d'un homme qui ne connaît aucun obstacle de crainte ou d'égoïsme, aucun obstacle si ce n'est ceux que nous impose ici-bas notre condition de voyageurs dans le crépuscule. C'est par là qu'il est un modèle pour tous ceux qui veulent rendre les hommes meilleurs et plus libres par la Vérité.

TABLE DES MATIÈRES

530-11. — Imp. des Orph.-Appr., F. Blétit, 40, rue La Fontaine. Paris-Auteuil.

www.ingramcontent.com/pod-product-compliance
Ingram Content Group UK Ltd.
Pitfield, Milton Keynes, MK11 3LW, UK
UKHW021003180726
13838UKWH00003B/1428